Primera edición: junio de 2024

Printed in Spain – Impreso en España

ISBN: 978-84-02-42958-2
Depósito legal: B-7.060-2024

Compuesto en Comptex & Ass., S. L.
Impreso en Gómez Aparicio, S. L.
Casarrubuelos (Madrid)

BG 29582

MARÍA ESCLAPEZ

ME QUIERO, TE QUIERO
El cuaderno

EJERCICIOS PARA DESARROLLAR RELACIONES SANAS

(Y MEJORAR LAS QUE YA TIENES)

♥ Índice

ME QUIERO
♥

♥ Índice

♥
TE QUIERO

♥ Índice

♥ Índice

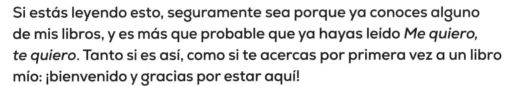

Introducción

Si estás leyendo esto, seguramente sea porque ya conoces alguno de mis libros, y es más que probable que ya hayas leído *Me quiero, te quiero*. Tanto si es así, como si te acercas por primera vez a un libro mío: ¡bienvenido y gracias por estar aquí!

Este cuadernillo de ejercicios nace de la necesidad de ir un paso más allá con la teoría de mis obras. En presentaciones, charlas y eventos, o incluso por las redes, confiáis en mí para compartir conmigo anécdotas de vuestras vidas, casos concretos, pasitos que vais dando en vuestro trabajo personal... Cada uno de vuestros comentarios y de vuestros mensajes de cariño me llena de orgullo y me emociona. Me hace feliz saber que mis palabras os reconfortan, os han sido útiles para daros cuenta de algunas cosas que queríais cambiar y que a veces os han servido de lugar seguro. Gracias de corazón.

Por todo eso, quería poder darte algo más. Este cuaderno está pensado para brindarte la oportunidad de continuar ahondando en aquellas cuestiones que ya te llamaron la atención en *Me quiero, te quiero* y que te dejaron con ganas de profundizar más. La idea es que aquí puedas encontrar nuevos enfoques y diferentes propuestas que te hagan conectar contigo, con tu presente y con tu pasado, para seguir construyendo tu mejor versión. No nacemos con un manual de instrucciones bajo el brazo, pero poco a poco podemos trabajar la relación que tenemos con nosotros mismos y con los demás para que sean lo más satisfactorias posible.

Como siempre digo, este cuadernillo, como mis otros libros, no sustituye a ningún tipo de terapia. Y si crees que necesitas ayuda profesional, no dudes en pedirla. En cualquier caso, espero que este libro te sea útil para seguir trabajando en ti mismo, te ayude a conocerte mejor y a reflexionar sobre tus propios patrones o estilos de conducta, tanto a nivel personal como en relación con los demás.

Tanto si ahora mismo tienes pareja como si no, puedes realizar la mayoría de los ejercicios de este cuaderno. En muchos casos están planteados para trabajar en conjunto, pero también puedes hacerlos de manera individual, o con algún amigo o familiar. Puedes adaptarlos a lo que necesites en cada momento.

Mi idea es que, cuando mires este cuadernillo de aquí a un tiempo, seas capaz de ver tu evolución. Mientras tanto, sigue tratándote con respeto y con cariño. Estás haciéndolo lo mejor que puedes y sabes. Y eso es un triunfo.

Espero que disfrutes del camino.

María

¿ME QUIERO?

❤

¿Alguna vez te has preguntado si te quieres? Yo sí. Unas veces tenía clarísima la respuesta y otras veces no tanto. Para ayudarte a averiguar si tú te quieres y conocer en qué cosas tienes que hacer más hincapié a la hora de trabajar en ti, he recopilado un par de cuestionarios. Uno de ellos es la **Escala de Autoestima de Rosenberg**, una prueba breve, fiable y muy usada en evaluación de la autoestima en la práctica clínica y la investigación científica. Consta de diez ítems; cada uno de ellos es una afirmación sobre la valía personal y la satisfacción con uno mismo. El otro es un test que he elaborado yo misma (vamos a llamarlo el **Test de María Esclapez**) con el objetivo de hacer más énfasis en la introspección y que conozcas en qué necesitas trabajar más, y para que tengas un recurso que englobe conceptos y situaciones actuales.

¿Empezamos? **Recuerda que no hay opciones correctas o incorrectas.**

❤ Escala de Autoestima de Rosenberg

Puntúa cada ítem del 0 al 3 en función de si te identificas con la afirmación en cuestión.

0 = muy en desacuerdo   **3 = totalmente de acuerdo**

1. Siento que soy una persona digna de aprecio, al menos tanto como los demás.

2. Siento que tengo cualidades positivas.

3. Soy capaz de hacer las cosas tan bien como la mayoría.

4. Adopto una actitud positiva hacia mí mismo.

5. En conjunto, me siento una persona satisfecha consigo misma.

Ahora tienes que dar las puntuaciones del revés. **Puntúa cada ítem del 0 al 3** en función de si te identificas con la afirmación en cuestión.

0 = totalmente de acuerdo   **3 = muy en desacuerdo**

6. En general, me inclino a pensar que soy una persona fracasada.

7. Siento que no tengo mucho de lo que enorgullecerme.

8. Me gustaría tener más respeto por mí mismo.

9. A veces me siento ciertamente inútil.

10. A veces pienso que no sirvo para nada.

RESULTADOS:

Entre 0 y 15 puntos:
autoestima baja.

Entre 15 y 25:
autoestima normal.

Entre 26 y 30:
autoestima alta.

NOTAS:

Elige una de las opciones en cada apartado («nunca», «algunas veces» y «siempre») según la frecuencia con la que asocies la situación descrita.

1. Cuando cometo un error, me trato mal.

○ NUNCA ○ ALGUNAS VECES ○ SIEMPRE

2. Me desagrada ver mi reflejo en el espejo.

○ NUNCA ○ ALGUNAS VECES ○ SIEMPRE

3. Pienso que otras personas son capaces de hacer mi trabajo mejor que yo.

○ NUNCA ○ ALGUNAS VECES ○ SIEMPRE

4. Tiendo a compararme con los demás.

○ NUNCA ○ ALGUNAS VECES ○ SIEMPRE

5. Soy una persona muy crítica conmigo misma.

○ NUNCA ○ ALGUNAS VECES ○ SIEMPRE

6. Me considero una persona exigente conmigo misma.

○ NUNCA ○ ALGUNAS VECES ○ SIEMPRE

7. Pienso que soy menos válido que el resto.

○ NUNCA ○ ALGUNAS VECES ○ SIEMPRE

8. Me da miedo lo que los demás piensen y opinen de mí.

○ NUNCA ○ ALGUNAS VECES ○ SIEMPRE

9. Me cuesta poner límites.

○ NUNCA ○ ALGUNAS VECES ○ SIEMPRE

10. Mi diálogo interno es negativo.

○ NUNCA ○ ALGUNAS VECES ○ SIEMPRE

11. Me cuesta respetar mis propios límites.

○ NUNCA ○ ALGUNAS VECES ○ SIEMPRE

12. Hago cosas por los demás que, en el fondo, no me apetecen.

○ NUNCA ○ ALGUNAS VECES ○ SIEMPRE

13. Mantengo vínculos que no me hacen bien.

   ○ NUNCA   ○ ALGUNAS VECES   ○ SIEMPRE

14. Me falta confianza en mí mismo.

   ○ NUNCA   ○ ALGUNAS VECES   ○ SIEMPRE

15. Cuando se me critica, pienso que tienen razón y que no sé hacer las cosas.

   ○ NUNCA   ○ ALGUNAS VECES   ○ SIEMPRE

16. Siento que no valgo para nada.

   ○ NUNCA   ○ ALGUNAS VECES   ○ SIEMPRE

17. Evito mirarme en el espejo.

   ○ NUNCA   ○ ALGUNAS VECES   ○ SIEMPRE

18. Aunque esté trabajando en algo importante, si alguien me pide un favor, dejo lo que estoy haciendo y se lo hago, sin pensármelo dos veces.

   ○ NUNCA   ○ ALGUNAS VECES   ○ SIEMPRE

19. Si pudiera, cambiaría mi carácter.

   ○ NUNCA   ○ ALGUNAS VECES   ○ SIEMPRE

20. Mis logros me pasan desapercibidos.

   ○ NUNCA   ○ ALGUNAS VECES   ○ SIEMPRE

21. En las relaciones de pareja, cuando me rechazan, lo paso muy mal.

   ○ NUNCA   ○ ALGUNAS VECES   ○ SIEMPRE

22. Me cuesta tomar decisiones.

   ○ NUNCA   ○ ALGUNAS VECES   ○ SIEMPRE

23. Me siento un impostor en mi trabajo.

   ○ NUNCA   ○ ALGUNAS VECES   ○ SIEMPRE

RESULTADOS:

Si hay una mayoría de «algunas veces» o «siempre», probablemente no te lleves muy bien contigo mismo. Puedes tener **baja autoestima**.

ME
QUIERO

Antes de comenzar, repasemos algunos términos.

La autoestima es un constructo compuesto por cuatro factores:

- El **autoconocimiento**. Es lo que sabes de ti mismo.

- El **autoconcepto**. Se refiere a cómo te percibes, la imagen que tienes de ti.

- El **autorrespeto**. Es el respeto que te tienes. Lo practicas cuando te tratas bien.

- La **autoaceptación**. Es la aceptación de «lo bueno» y «lo malo» que percibes de ti.

♥ Autoconocimiento y autoconcepto

Nombre: Edad:

Cómo te definirías...

FÍSICAMENTE:

PSICOLÓGICAMENTE:

Haz una lista de tus características personales positivas y negativas, las que crees que más te definen.

♥ Sobre mí...

1. ¿Qué me motiva cada mañana?

2. ¿Qué era lo que me encantaba hacer cuando era pequeño?

3. Si pudiera ser cualquier persona, ¿quién elegiría ser?

4. Un recuerdo de mi infancia que siempre me hace feliz.

5. ¿Cuándo me siento más pleno?

6. Algo de lo que me arrepiento.

7. Una película/canción/serie/libro que siempre me hace llorar.

Tus planes favoritos

Anota en esta lista planes que te hagan sentir bien.

Cuando necesites volver a ellos, **siempre los tendrás a mano**.

Mi comida favorita:

Libros/pelis/series que me encantan:

Palabras que me describen:

Para desconectar, me gusta...:

♥ Tus lugares seguros

Anota los lugares que te transmiten buen rollo, calma, sosiego, felicidad, diversión, paz...

¡Incluso puedes pegar algunas fotos, si te apetece!

Cuando sientas que necesitas desconectar, estos lugares pueden servirte como refugio.

Tus personas refugio

Las **personas refugio** son aquellas con las que te sientes seguro y a quienes puedes acudir cuando lo necesitas porque sabes que siempre puedes contar con ellas. Te aportan positividad y cosas buenas, y hacen que tu vida sea un poco más fácil.

¿Con quién te irías de viaje ahora mismo sin pensarlo?

Una persona con la que cantar tu canción favorita a todo volumen.

¿A quién llamarías en un momento de bajón?

Las listas de las personas refugio tienden a ser cortas porque no solemos contar con mucha gente con estas características, así que no te preocupes si no completas toda la lista o si solo pones un nombre en ella. **Lo que debes saber es que estas personas son un tesoro en tu vida.** Cuídalas.

Introspección

Aquí tienes algunas preguntas para reflexionar:

1. Me exijo mucho cuando...

2. ¿Qué pasaría si fuera menos exigente conmigo mismo?

3. Del 0 al 10, ¿cuánto me importa lo que la gente diga de mí?

◄--►
0   **10**

4. ¿Por qué me importa (o no) lo que piensen de mí las demás personas?

5. ¿Qué pasaría si me importara menos lo que la gente dijera de mí?

♥ Introspección

6. ¿Me acepto tal como soy?

7. ¿Qué podría hacer para aceptarme más?

8. ¿Cambiaría la percepción que tengo de mí si aceptara las cosas que he hecho en el pasado?

9. ¿Me sentiría mejor conmigo mismo si aceptara mis emociones?

10. ¿Me sentiría mejor conmigo mismo si aceptara mis pensamientos?

Carta de despedida

Este ejercicio que compartió en su libro *Vivir con serenidad* la compañera Patricia Ramírez me encanta y me gustaría proponértelo. Consiste en detectar las cosas de tu vida que te gustaría dejar atrás. Piensa en lo que ya no te sirve y quieres eliminar, algo de lo que deseas prescindir o algún comportamiento o hábito que estés intentando cambiar. **¿Cómo podrías despedirte de lo que ya no te sirve?**

Escribe una carta dejando atrás todo eso que ya no te resulta útil:

♥ Tres cosas

Escribe tres cosas que hayan ido bien hoy y por qué. **Plantearse estos tres hitos cada día puede favorecer un aumento sostenido de la felicidad.**

1.

2.

3.

La carta para los días malos

En este ejercicio, te propongo escribir una carta dirigida a ti mismo que puedas leer en un mal día o cuando lo necesites. En ella, puedes darte apoyo e incluso algunos consejos sobre cómo sobrellevar este mal rato.

Leer lo que has escrito cuando tenías un buen día (el momento en el que escribes la carta) te ayudará a ver que los días malos no duran eternamente.

♥ La lista de los elogios

Quizá te cuesta creer lo bueno que dicen de ti. Las personas con autoestima baja suelen rechazar los elogios que reciben. Pero, por suerte, esto se puede trabajar.

En este ejercicio, te propongo escribir una lista de diez elogios que hayas recibido alguna vez.

1. _____

2. _____

3. _____

4. _____

5. _____

6. _____

7. _____

8. _____

9. _____

10. _____

Ahora te invito a que los puntúes del 1 al 10, siendo 1 que no te lo crees en absoluto y 10 que te lo crees totalmente.

1. _____

2. _____

3. _____

4. _____

5. _____

6. _____

7. _____

8. _____

9. _____

10. _____

A continuación, reflexiona: ¿crees que tu vida sería diferente si te creyeses un poco más (quizá un punto más de lo que has anotado) los elogios que te han hecho?

Pósits para uno mismo

Con este ejercicio, te animo a que des rienda suelta a tu creatividad. Para ello, hazte con un buen taco de pósits y un puñado de bolis, y prueba a escribir mensajes positivos sobre ti mismo. Quizá estos mensajes pueden ayudarte a afianzar conceptos o ideas sobre ti, como «Soy una buena trabajadora», «Soy capaz», «Lo voy a conseguir» o cualquier cosa que necesites escuchar (o leer) en ese momento.

Después puedes repartir los pósits por tu casa para poder ir viéndolos cada día mientras haces tus rutinas habituales.

Aquí van algunas ideas para inspirarte:

Puedo con cualquier desafío que se me presente.

Mi presencia en este mundo es única y valiosa.

Tengo un conjunto único de habilidades y talentos que me hacen especial.

Cada día es una oportunidad para crecer, aprender y ser la mejor versión de mí mismo.

Ejercitando la gratitud

Si practicamos la gratitud y agradecemos las cosas buenas, conseguiremos un aumento sostenido de la felicidad. Muchas veces, no damos importancia a las pequeñas cosas buenas de la vida, y eso que a menudo son lo mejor de nuestra existencia, porque ya nos hemos acostumbrado a ellas y damos por hecho que siempre podremos disfrutarlas, cuando, en realidad, esto es algo que no siempre podemos asegurar.

Te invito a que, durante una semana, escribas cada noche antes de irte a dormir tres cosas de ese día por las que te sientes agradecido. Pueden ser cosas que hayan pasado o, incluso, algún tipo de comodidad de la vida moderna, como una buena cama en la que descansar o una ducha calentita.

1.

2.

3.

♥ El *collage* de tus sueños

En este ejercicio, te propongo que te hagas con unas tijeras, imprimas unos cuantos memes, afiles tus lápices para dibujar, busques recortes de revistas o fotos, o cualquier cosa que se te ocurra, y des rienda suelta a tu creatividad.

Se trata de construir el *collage* de tus sueños, metas o aspiraciones. Puedes escribir, dibujar, pintar, rotular, pegar fotos...

Con este ejercicio, conseguirás motivarte y hacer una proyección positiva de todas las cosas que están por venir. ¡Además, es superdivertido! Puedes hacerlo en este espacio o en una cartulina, y, si necesitas un extra de motivación, cuando lo acabes, cuélgalo en un sitio donde lo veas cada día.

♥ Más preguntas de introspección

1. ¿Me gusto o necesito gustar para gustarme?

2. ¿Qué es lo que me hace sentir orgulloso de mí mismo?

3. ¿Estoy dónde quiero estar?

4. ¿Hay algo que no me permita avanzar?

5. ¿Hay algo que esté dejando de hacer por miedo?

6. ¿A quién o qué tengo que dejar ir?

7. ¿Cómo me influye lo que los demás piensen de mí?

8. ¿Me estoy rodeando de las personas adecuadas?

9. ¿Cargo con la culpa de algún error que me gustaría perdonarme?

10. ¿Soy un lugar seguro para mí mismo?

Valorando los pequeños logros

Haz una lista con todas aquellas cosas que has conseguido a lo largo de tu vida. No es necesario que sean grandes logros, **no hace falta ganar un Nobel o un Goya para considerar que has alcanzado un éxito.** Por ejemplo, puede ser haberte levantado de la cama una mañana que no tenías ganas de hacerlo, el examen que aprobaste, lo bien que te tomaste una crítica el otro día o lo increíble que has hecho hoy tu trabajo. Cualquier cosa vale.

Ejemplos:

♥ *He aprendido a hacer un paso de baile.*

♥ *He conseguido poner un límite en el trabajo.*

♥ *He gestionado mi miedo a conducir y hoy he logrado dar una vuelta a la manzana con el coche.*

♥ *Estoy haciendo ejercicio con regularidad.*

♥ *He retomado la relación con alguien que hacía tiempo que no veía.*

♥ *Hoy he madrugado.*

♥ *Intenté hacer una receta y me salió bien.*

♥ *Empecé terapia.*

♥

♥

♥

♥

♥

♥ Tienes una tarea: no hacer nada

Este ejercicio, que también sale de una propuesta de **Patricia Ramírez**, me parece superinteresante y muy útil en la sociedad en la que vivimos, tan enfocada siempre en la hiperproductividad. Hacemos listas interminables de cosas en las que deberíamos estar invirtiendo nuestro escaso tiempo libre, y si no las cumplimos, encima nos sentimos culpables.

Con esta tarea, vamos a intentar acabar con eso. Tienes una misión: no hagas nada. No, no me refiero a que te sientes en el sofá y te quedes mirando al techo, ¡tampoco es eso! Pero te propongo que no hagas nada **productivo**. Haz algo para lo que normalmente «no tengas tiempo»: queda con amigos, mira una serie, lee, limpia si te apetece..., pero sin expectativas, sin verlo como un reto para tu productividad. (No vale que saques un rato para ti, te pongas a ver una serie, te piques y te veas una temporada entera. Hazlo con calma, por puro placer).

Y, para que te resulte más difícil todavía, te propongo un doble reto: mientras estés haciendo tu actividad **improductiva**, ¡no mires el móvil en ningún momento! Por un lado, intenta ser capaz de hacer una actividad sin la exigencia de ser productivo, sino por el mero placer de hacerla, de estar un rato tranquilo y descansar, o de lo que te apetezca. Y, por otro, intenta centrar tu atención en una sola cosa.

No es tan fácil como parece, pero **seguro que lo harás genial**. Y, si no lo consigues a la primera, no te preocupes; poco a poco, practicando, lograrás desconectar más a menudo.

♥ La mejor versión de ti mismo

Imagina que puedes usar una varita mágica para hacer la mejor versión de ti. Ahora responde a las siguientes preguntas:

1. ¿Cómo es la versión mejorada de ti mismo?

----

2. ¿Hay algo que haga, diga o piense que ahora no estés haciendo, diciendo o pensando?

----

3. ¿Qué es lo que más te gusta de esa versión tuya mejorada?

----

4. ¿Hay algo que puedas hacer para parecerte a ella?

----

5. ¿Podrías describir cuánto hay ya en ti que se parezca a esa mejor versión de ti?

----

6. ¿Cómo crees que verían los demás tu versión mejorada?

----

7. ¿Hay mucha diferencia entre lo que verían de tu versión mejorada y lo que crees que ven ahora en ti?

----

8. ¿Qué pequeños pasos puedes dar para empezar a parecerte un poco más a esa versión ideal de ti mismo?

♥ La tarta de la vida

Imagina que el círculo de abajo representa tu vida. ¿Podrías dividir en porciones («quesitos») los ámbitos de tu vida y reflejar en porcentajes cuánto tiempo dedicas a ellos? **Fíjate en el ejemplo y luego rellena el otro según consideres:**

■ Trabajo   ■ Familia   ■ Ocio   ■ Pareja   ☐ Yo

- ¿Qué te parece tu tarta de la vida?

- -

- ¿Te gustaría dedicar menos tiempo a algún ámbito de tu vida?

- -

- ¿Te gustaría dedicar más tiempo a algún ámbito de tu vida?

- -

- Si has respondido que sí a alguna de las dos preguntas anteriores, ¿qué cambios podrías hacer para que eso fuera posible?

- -

Dejando huella

Dentro de muchos muchos años, cuando ya no estés en este mundo, ¿qué te gustaría que los demás recordasen de ti?

En el libro *Vivir con serenidad*, de Patricia Ramírez, aparece una cita de **Antonio Machado** del libro *Campos de Castilla* que nos invita a reflexionar: «Caminante, son tus huellas el camino y nada más. Caminante, no hay camino, se hace camino al andar».

¿Qué huella queremos dejar en el mundo y en todas las personas que nos rodean? ¿Cómo queremos que nos recuerden? Y ahora, mientras estamos vivos, ¿cómo queremos que nos vean los demás? Reflexionar sobre estas dos cuestiones nos puede ayudar a dar los pasos más adecuados para convertirnos en esa persona que queremos ser.

Y a ti, ¿qué huellas te gustaría dejar?

Establece tus metas y objetivos

Con este ejercicio, te invito a que anotes algunas de tus metas y objetivos a corto (los próximos meses), medio (de tres a cinco años) y largo plazo (de diez a quince años). Puedes empezar por unas tres o cuatro de cada tipo.

Una vez que tengas tu lista de metas, describe brevemente qué pasos necesitas dar para alcanzarlas.

- -

- -

Luego hazte la siguiente pregunta: ¿hay algo que me impida empezar a dar esos pasos? Si la respuesta es sí, intenta averiguar por qué.

- -

- -

Ejemplo:

Meta: escribir un libro.
Pasos: hacer un esquema con los contenidos del libro, confeccionar un índice, buscar bibliografía, ponerme un ratito cada día delante del ordenador para desarrollar cada uno de los apartados del índice.
¿Hay algo que me impida empezar a dar esos pasos? Sí, tengo miedo a quedarme en blanco, a que el libro no resulte como espero y a que no guste a mis lectores.
¿Hay algo que pueda hacer para superar esos impedimentos? Puedo trabajar mis miedos. Al fin y al cabo, son miedos irracionales, puesto que nada de eso está pasando ahora y puede que no pase nunca. Si ocurriera, buscaría solución en ese momento, no antes.

♥ Escritora de tu vida

Ya has hecho un ejercicio en el que valorabas los pequeños logros. Ahora te invito a prestar atención a algo de lo que estés realmente orgulloso. **¡Es el momento de relatar un gran éxito!**

En este ejercicio te propongo que te conviertas en un escritor y narres, en tercera persona, algo que hayas hecho o que hayas conseguido de lo que te sientas orgulloso.

No te cortes y no dejes de dar todo lujo de detalles sobre qué pasó, cómo lo lograste o qué cualidades te hicieron conseguirlo. ¡Recréate! ¡Es tu éxito!

Visualiza tu futuro

¡Sigamos con la introspección! Tu misión en este ejercicio es visualizarte en el futuro. Empezarás con una visualización a corto plazo y terminarás con una a largo plazo. **¿Estás preparado? ¡Vamos allá!**

- **¿Cómo te ves dentro de diez segundos?**

- **¿Cómo te ves dentro de diez días?**

- **¿Cómo te ves dentro de diez semanas?**

- **¿Cómo te ves dentro de diez meses?**

- **¿Cómo te ves dentro de diez años?**

P.D.: Si estás en una etapa en la que no ves con claridad las cosas porque tu estado anímico te lo impide, es posible que te bloquees en alguna de las preguntas (especialmente en la última). Si esto sucede, no te agobies; como digo, es normal debido a tu estado de ánimo. Déjala para otro momento.

♥ Tu refugio en casa

Está genial acudir a tus lugares seguros cuando sientes que necesitas apartarte de todo. Escaparte a la playa o a la montaña cuando lo necesitas mola, pero ¿qué te parecería tener un refugio en tu propia casa? ¿Te apetecería construirlo? Así, cuando las cosas vayan mal y no puedas ir a ninguno de tus sitios preferidos, podrás encontrar la calma y conectar contigo en un rincón hecho por y para ti.

Decóralo con objetos y cosas que te relajen. A mí me gustan las luces cálidas, los sillones que te atrapan, la madera y las alfombras.

Si no dispones de espacio propio, te propongo poner en una caja o en un maletín objetos que puedan generarte esa paz. Será algo así como un kit de relajación. El mío consiste en una crema de un olor que me gusta, velas y música relajante. Los elementos del kit de relajación funcionarán como anclajes para que tu cerebro asocie esos objetos con estados de calma y bienestar.

♥ Música para motivarte

Crea una *playlist* para escuchar en momentos de bajón. No, no vale hacer una lista de reproducción llena de música triste o melancólica. **Se trata de que en tu lista haya canciones que te inspiren y te hagan sentir bien.**

♥ Cambia los «debería» y «tengo que» por «me gustaría»

Ser amable con uno mismo también incluye hablarse bien. Una de las cosas que tienen en común las personas con baja autoestima es que se tratan con extrema exigencia. Suelen hablarse con fórmulas como «debería hacer esto» o «tendría que decir aquello». Por eso, te propongo hacer el siguiente ejercicio.

Haz una lista con tus «debería» y tus «tengo que»:

Ahora cámbialos por «me gustaría»:

Ejemplo:

«Debería ser más empática» versus «Me gustaría aprender habilidades sociales y de comunicación».

¿Te atreves a ser menos perfecto?

Todos sabemos que la perfección no existe, sin embargo, todos caemos en la trampa de la exigencia. **La exigencia es un arma de doble filo.** Por una parte, nos invita a superarnos y hacer las cosas mejor, pero, por otra, es como una especie de agujero negro: nunca tiene límites, siempre quiere más, y llega un momento en el que absorbe toda nuestra energía.

La exigencia no entiende de aceptación. La exigencia solo quiere alcanzar una expectativa concreta, un ideal de cómo se supone que tenemos que ser y hacer las cosas. Pero te recuerdo que intentar ser suficientemente bueno ya es suficientemente bueno.

Te propongo empezar a ser menos perfecto con las pequeñas cosas. ¿Hay algo con lo que te atreverías a bajar tu nivel de exigencia? Escríbelo a continuación.

Ejemplo:

«Me da rabia ver que el edredón de la cama está un poco arrugado» versus «No pasa nada si el edredón no está perfectamente estirado, lo dejaré así».

♥ El análisis DAFO de tu vida

Esto del **análisis DAFO** viene del ámbito empresarial. DAFO es un acrónimo formado por las iniciales de las palabras «debilidades», «amenazas», «fortalezas» y «oportunidades». Esta herramienta se usa para estudiar la situación de una empresa, institución o proyecto, a fin de elaborar estrategias y planes de acción en el ámbito laboral.

Por supuesto, las personas no somos empresas, pero te voy a proponer que hagas un ejercicio inspirado en el análisis DAFO que llamaremos **análisis MODE**, acrónimo de «mantener», «obtener», «desechar» y «evitar».

Fíjate bien en la siguiente tabla, solo tienes que rellenarla.

MANTENER Cosas que sí tengo y sí quiero en mi vida	**DESECHAR** Cosas que sí tengo y no quiero en mi vida
Ejemplos: trabajo, pareja, confianza en mí mismo, mi ropa, una casa bonita, ir a psicoterapia.	*Ejemplos: inseguridad, un trabajo que no me gusta, mala relación con la comida.*
OBTENER Cosas que no tengo y sí quiero en mi vida	**EVITAR** Cosas que no tengo y no quiero en mi vida
Ejemplos: ir al gimnasio, un poco más de tiempo libre, ver más a mi familia.	*Ejemplos: enfermedades, desempleo, mentiras.*

El autosabotaje (parte 1)

El pesimismo es el mayor enemigo de la autoestima, y una baja autoestima, a su vez, alimenta el pesimismo. **Nuestro diálogo interno marca, determinantemente, la manera en que nos percibimos a nosotros mismos.**

¿Te has parado a observar cómo suelen ser tus pensamientos sobre ti en tu día a día? ¿Qué frases de autosabotaje identificas normalmente?

Ejemplos:
- *«Si hago esta pregunta delante de la gente, pensarán que soy tonto».*
- *«Seguro que cuando salga a la calle, tropiezo y me caigo».*
- *«¿Para qué voy a ir a esa fiesta si ya sé que la gente va a pasar de mí?».*
- *«Tampoco he hecho tan bien este trabajo. Podría hacerlo mejor».*

Ahora tú:

El autosabotaje (parte 2)

En el ejercicio anterior has identificado frases de autosabotaje que sueles decirte. Ahora te toca hacer la segunda parte del ejercicio. Responde a estas preguntas y reflexiona.

1. ¿Crees que te autosaboteas con frecuencia? ¿Por qué crees que lo haces?

_____

_____

_____

_____

2. ¿Sabotearías a alguien a quien quieres mucho (tu amiga, tu madre, tu hijo...)? ¿Por qué?

_____

_____

_____

_____

3. ¿Cuántas cosas has dejado de hacer por el autosabotaje?

_____

_____

_____

_____

4. Del 0 al 10, siendo 0 «nada» y 10 «muchísimo», ¿cuánto crees que te afecta el autosabotaje?

_____

_____

_____

_____

_____

♥ El autosabotaje (parte 2)

5. Cada vez que te autosaboteas, ¿consideras que estás haciendo una estimación realista de lo que haces, lo que piensas o lo que eres?

----

6. ¿Hay pruebas reales de que lo que digas o pienses sea cierto, objetivamente hablando?

----

7. ¿Consideras que hay cosas buenas de ti que pasas por alto cuando te autosaboteas? ¿Cuáles son?

----

8. ¿Piensas que puede haber otra manera de seguir creciendo y evolucionando como persona, pareja, familiar, amiga o profesional sin llegar a autosabotearte?

La técnica del sándwich

¿Sabes poner límites? Es importante conocer qué quieres y qué no quieres, y saber decírselo a los demás. Ya has trabajado antes en la primera parte de la premisa, así que ahora te toca trabajar en cómo hacer saber a quienes te rodean cuáles son tus límites.

La técnica sándwich se usa para decir que no de manera asertiva.

Se llama así porque, metafóricamente hablando, la frase de la negativa (el relleno del sándwich) está colocada estratégicamente entre dos frases positivas (el pan). El objetivo es poder expresar lo que sientes sin mentir ni esconder información, pero de una manera amable que no hiera los sentimientos de los demás.

Imagina que te han invitado a tomar café y no te apetece ir. ¿Cómo podrías responder a la invitación de manera asertiva? ¡Con una frase sándwich!

> **Se construye de la siguiente manera:**
> - Introduce la frase de una manera agradable y empática: *«Muchas gracias por la invitación, me encantaría ir...»*.
> - Expresa de manera asertiva el «no»: *«Pero hoy me apetece quedarme en casa y descansar»*.
> - Despídete y cierra la conversación de forma positiva: *«Muchas gracias igualmente, para la próxima espero poder apuntarme»*.

¿Te apetece intentarlo? ¡Vamos! Responde con la técnica sándwich a las siguientes situaciones:

1. Tu jefe te comenta que es necesario que trabajes un día festivo, pero que no te preocupes, que te pagará las horas extras. Sin embargo, tú ya tenías un viaje internacional programado para ese mismo día.

- -

2. Tu amiga quiere presentarte a una persona con la que cree que podrías tener *feeling*, pero no estás en un momento de tu vida en el que eso te apetezca. Sin embargo, no quieres herir sus sentimientos, porque ella parece muy ilusionada.

- -

3. Un compañero del trabajo te pide cambiar el turno, pero no quieres hacerlo.

- -

4. Un familiar te pide que llames a su médico de cabecera para pedirle una cita. Te comenta que no puede hacerlo porque se va a jugar al tenis. Sabes que no es algo urgente y que tu familiar tiene los mismos medios que tú para llamar al médico, pero prefiere irse a jugar al tenis en este momento. Por ello, entiendes que esa no es tu responsabilidad.

- -

5. Estás en la cola de la caja del súper y una persona te pregunta si la dejas pasar porque tiene prisa, y tú no quieres hacerlo porque también tienes prisa.

- -

6. Alguien te pide prestado un libro que no quieres dejar.

- -

7. Estás comiendo en casa de tus padres y tu padre te pregunta si quieres queso. Le has dicho ya muchas veces que no te gusta el queso, pero aun así él siempre te lo ofrece, y eso es algo que te irrita porque te duele que no se acuerde nunca de que no te gusta.

- -

8. Tu pareja te propone ir a casa de sus padres a comer todos los domingos y, aunque no tienes problema en ir de vez en cuando, no te apetece hacer lo mismo cada domingo.

- -

TE QUIERO

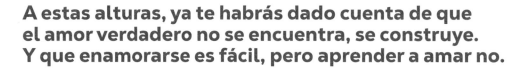

A estas alturas, ya te habrás dado cuenta de que el amor verdadero no se encuentra, se construye. Y que enamorarse es fácil, pero aprender a amar no.

En estas páginas, encontrarás propuestas y ejercicios para trabajar en pareja diferentes aspectos de la relación. Recuerda siempre que, **si creéis que lo necesitáis, lo mejor es recurrir a una terapia específica**, ya que estas actividades se presentan como algo genérico que puede no adecuarse a vuestro caso. De todas maneras, hacerlas tal cual se proponen o adaptándolas a vuestro caso puede serviros para reforzar el vínculo entre vosotros o limar algunas asperezas.

Antes de empezar, hagamos una evaluación.

1. ¿Qué significa para ti una relación (ya sea de amistad, de familia o de pareja)?

2. ¿Qué esperas de una relación de pareja?

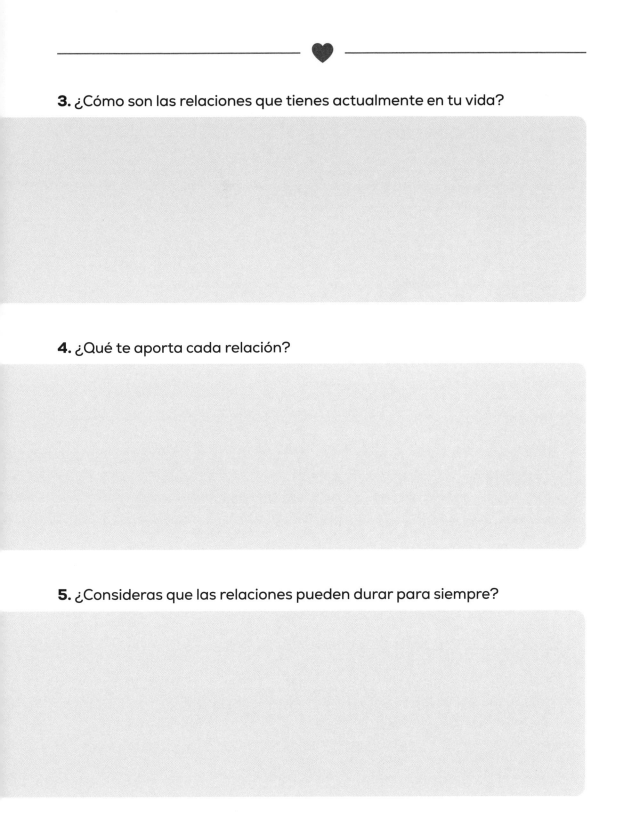

3. ¿Cómo son las relaciones que tienes actualmente en tu vida?

4. ¿Qué te aporta cada relación?

5. ¿Consideras que las relaciones pueden durar para siempre?

Un repaso introspectivo

Existen muchos tipos de relaciones; al fin y al cabo, una relación es una conexión entre dos o más personas, así que puede ser de muchos tipos: de familia, de amistad, de pareja...

En este libro nos centramos sobre todo en las relaciones de pareja. Hagamos un repaso introspectivo.

1. En general, ¿tus relaciones han contribuido a tu felicidad?

----

2. ¿Recuerdas algún momento en que tu relación te ayudó en un momento difícil?

----

3. ¿Qué has aprendido sobre ti mismo en tus relaciones?

----

4. ¿Has vivido alguna relación que te afectara de tal manera que condicione tu presente de manera negativa?

----

5. ¿Qué aprendiste de esa relación?

Vínculos tóxicos

Un vínculo **tóxico** es aquel que genera malestar. Recuerda que algo tóxico es algo malo o que puede resultar dañino.

Dependiendo del pasado de cada persona que forma parte de la relación y la interacción de sus aprendizajes, la causa del vínculo tóxico podrá ser una u otra. No obstante, después de haber visto y vivido muchos vínculos tóxicos, tengo claro que no existen las personas tóxicas, sino las personas con historias y aprendizajes que generan comportamientos tóxicos.

Ahora vamos a entrar al detalle:

Sano	Tóxico (genera malestar)
«Nos solemos divertir».	«Casi siempre estamos enfadados».
«La balanza en general es positiva».	«Hay más malos ratos que buenos».
«Respetamos los límites».	«No se respetan los límites».
«Puedo ser quien soy sin miedo a ser juzgado por mi pareja».	«A menudo me encuentro fingiendo ser alguien que no soy o haciendo cosas que no me representan para agradar a mi pareja».
«Por lo general, mi relación me da paz».	«La relación hace que unos días esté bien y otros mal (fenómeno montaña rusa emocional)».

«No siento miedo a la hora de exponer los problemas de la relación, sé que mi pareja me escuchará y se pondrá en mi lugar para poder entenderme mejor».

«Me cuesta exponer los problemas de la relación porque me da miedo que mi pareja se enfade o me deje».

«Cuando nos enfadamos, no tardamos mucho en hablar y arreglar el conflicto».

«Cuando nos enfadamos, dejamos de hablarnos o dejamos la relación».

«Cuando mi pareja no me contesta a los mensajes, pienso que es porque estará ocupada».

«Cuando mi pareja no me contesta a los mensajes, me da miedo que pueda estar con otra persona, que ya no me quiera o que me vaya a dejar».

«Las bromas que hacemos son bromas con las que nos reímos los dos».

«Las bromas que nos hacemos son hirientes. Generalmente, solo se ríe uno de nosotros».

«Pasamos tiempo juntos, pero también tenemos nuestro tiempo individual para que cada uno haga lo que le apetezca o esté con su familia y sus amigos».

«La relación es muy absorbente. Solo tengo tiempo para mi pareja, prácticamente no veo a mi familia y a mis amigos».

«Siento que los dos nos involucramos en la relación».

«Siento que solo una de las partes se involucra en la relación».

«Cuando uno hace daño al otro, hablamos para ser conscientes de las cosas que nos duelen y cambiarlas».

«Cuando uno hace daño al otro, este acaba vengándose de alguna manera. Entramos como en una especie de bucle vengativo hasta que hacemos las paces».

«El sexo es una forma más de intimidad».

«El sexo se usa como moneda de cambio. A veces incluso parece una obligación, de tal manera que, si uno no quiere tener relaciones sexuales, la otra persona da a entender que irá a buscar sexo fuera de la pareja».

«Me gustaría seguir siempre con mi pareja, pero sé que, si algún día lo dejáramos, aunque me dolería mucho y lo pasaría mal, podría superarlo y rehacer mi vida».

«Tengo pánico a la ruptura y miedo a la soledad».

«Cuando nos enfadamos, seguimos queriéndonos y hablándonos a pesar de saber que tenemos un tema pendiente que arreglar».

«Cuando nos enfadamos, podemos estar sin hablarnos días. A veces incluso parece que el otro no exista (ley del hielo)».

Comportamientos sanos versus no tan sanos

Veamos algunos ejemplos de comportamientos sanos frente a otros no tan sanos:

Sano	Tóxico
Hay respeto.	Hay faltas de respeto.
Hay palabras y gestos de ánimo.	Hay desmotivación.
Hay apoyo.	Parece que hay competencia.
Existe el perdón.	Hay rencor y conflictos sin resolver.
Hay comunicación asertiva.	Hay explosión, impulsividad y agresividad a la hora de decir las cosas.
Nos mostramos tal y como somos.	Parece que la relación tenga una cara B que la gente no conoce.
Hay escucha activa.	A menudo pienso que hablo con la pared.
Hay empatía.	No suele haber empatía.
Somos equipo también en las malas épocas.	En las malas épocas parecemos contrincantes.
Las discusiones son oportunidades para aprender y evolucionar.	Las discusiones nos alejan más.

¿Relación tóxica o relación sana?

¿Sabrías decir si los comportamientos o creencias descritos a continuación corresponden a los de una relación tóxica o sana? Marca lo que consideres.

Ejemplo:

Te controlo porque te quiero.

☑ **Relación tóxica**   ☐ **Relación sana**

Te quiero, confío en ti.

☐ **Relación tóxica**   ☑ **Relación sana**

Ahora tú:

Si depende de nuestra decisión, tendremos un bebé cuando pueda crecer en un entorno emocionalmente estable; de lo contrario, es una irresponsabilidad.

☐ **Relación tóxica**   ☐ **Relación sana**

Vamos a ver qué comportamientos nos gustaría cambiar y negociemos para estar cómodos en la relación.

☐ **Relación tóxica**   ☐ **Relación sana**

No entiendo por qué necesitas irte con tus amigos de fiesta si me tienes a mí. ¿No te diviertes conmigo?

☐ **Relación tóxica**   ☐ **Relación sana**

¿Relación tóxica o relación sana?

Yo soy así y no voy a cambiar. Si quieres estar conmigo, tienes que aceptarme tal como soy.

☐ **Relación tóxica**   ☐ **Relación sana**

Si tenemos un bebé, nos uniremos más como pareja y todos los problemas desaparecerán.

☐ **Relación tóxica**   ☐ **Relación sana**

Dado que no sabemos si alguno de los dos tiene alguna infección de transmisión sexual (ITS), vamos a hacerlo con protección para cuidarnos.

☐ **Relación tóxica**   ☐ **Relación sana**

Vamos a procurar poder tener tiempo para estar juntos como pareja, pero también para estar con nuestros amigos.

☐ **Relación tóxica**   ☐ **Relación sana**

Si confías en mí, lo haremos sin preservativo.

☐ **Relación tóxica**   ☐ **Relación sana**

No puedo vivir sin ti.

☐ **Relación tóxica**   ☐ **Relación sana**

El amor lo puede todo.

☐ **Relación tóxica**   ☐ **Relación sana**

Ya le he perdonado muchas veces, esto empieza a repetirse demasiado. He de poner un límite y empezar a valorarme a mí mismo.

☐ **Relación tóxica**   ☐ Relación sana

La vida sin ti es maravillosa, pero contigo es mejor.

☐ **Relación tóxica**   ☐ Relación sana

El amor es importante en una relación, pero no lo es todo.

☐ **Relación tóxica**   ☐ Relación sana

Yo haré que mi pareja cambie.

☐ **Relación tóxica**   ☐ Relación sana

Es mi pareja, debería llamarme, escribirme, venir a verme, etc., siempre, sin que yo se lo pida.

☐ **Relación tóxica**   ☐ Relación sana

Puedo pedirle un cambio a mi pareja, pero no me responsabilizaré de él o ella.

☐ **Relación tóxica**   ☐ Relación sana

El amor es dar sin recibir nunca nada a cambio.

☐ **Relación tóxica**   ☐ Relación sana

¿Relación tóxica o relación sana?

Si quiero a mi pareja y quiero que entienda qué me ocurre o qué siento, debo decírselo.

☐ **Relación tóxica**   ☐ **Relación sana**

Mi pareja no es una persona infalible ni perfecta. Si quiero o necesito algo viable y realista, he de comunicárselo.

☐ **Relación tóxica**   ☐ **Relación sana**

Si mi pareja me quiere y me conoce de verdad, debería saber por qué estoy enfadado.

☐ **Relación tóxica**   ☐ **Relación sana**

El amor es dar, pero también es recibir.

☐ **Relación tóxica**   ☐ **Relación sana**

Le perdonaré de nuevo, estamos tan bien ahora... Sé que esta vez cambiará de verdad.

☐ **Relación tóxica**   ☐ **Relación sana**

RELACIÓN TÓXICA	RELACIÓN SANA
«Si confías en mí, lo haremos sin preservativo».	«Dado que no sabemos si alguno de los dos tiene alguna ITS, vamos a hacerlo con protección para cuidarnos».
«Yo soy así y no voy a cambiar. Si quieres estar conmigo, tienes que aceptarme tal como soy».	«Vamos a ver qué comportamientos nos gustaría cambiar y negociemos para estar cómodos en la relación».
«No entiendo por qué necesitas irte con tus amigos de fiesta si me tienes a mí. ¿No te diviertes conmigo?».	«Vamos a procurar poder tener tiempo para estar juntos como pareja, pero también para estar con nuestros amigos».
«Si tenemos un bebé, nos uniremos más como pareja y todos los problemas desaparecerán».	«Si depende de nuestra decisión, tendremos un bebé cuando pueda crecer en un entorno emocionalmente estable; de lo contrario, es una irresponsabilidad».
«No puedo vivir sin ti».	«La vida sin ti es maravillosa, pero contigo es mejor».
«El amor lo puede todo».	«El amor es importante en una relación, pero no lo es todo».
«Yo haré que mi pareja cambie».	«Puedo pedirle un cambio a mi pareja, pero no me responsabilizaré de él o ella».
«Si mi pareja me quiere y me conoce de verdad, debería saber por qué estoy enfadado».	«Si quiero a mi pareja y quiero que entienda qué me ocurre o qué siento, debo decírselo».
«Es mi pareja, debería llamarme, escribirme, venir a verme, etc., siempre, sin que yo se lo pida».	«Mi pareja no es una persona infalible ni perfecta. Si quiero o necesito algo viable y realista, he de comunicárselo».
«El amor es dar sin recibir nada a cambio».	«El amor es dar, pero también es recibir».
«Le perdonaré de nuevo, estamos tan bien ahora... Sé que esta vez cambiará de verdad».	«Ya le he perdonado muchas veces, esto empieza a repetirse demasiado. He de poner un límite y empezar a valorarme a mí mismo».

Cualidades de una relación sana

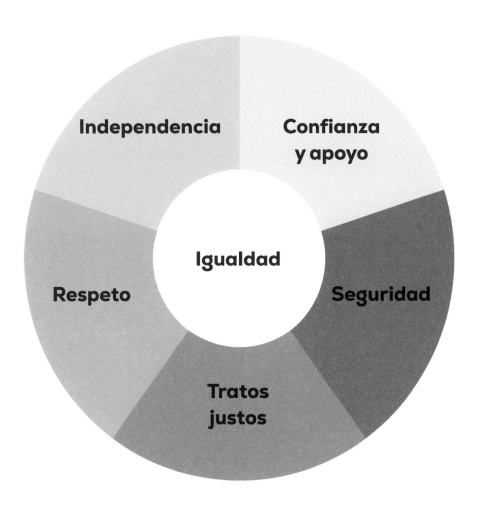

Mínimos exigibles y exigencias

¿Qué es lo mínimo que necesitas para sentir que tu pareja está aportando a la relación lo que te hace falta?

Esta lista te permitirá identificar lo que tu relación de pareja te está aportando.

La diferencia entre los mínimos exigibles y las exigencias es que los mínimos exigibles son cosas básicas que necesitamos para sentir que estamos en una relación que nos hace sentir plenos. Las dimensiones que deben analizarse a la hora de hacer esta lista son:

- **La comunicación.**
- **El tiempo juntos.**
- **La afectividad.**
- **La sexualidad.**
- **La crianza de los hijos (si los hay).**
- **La filosofía de vida en común.**
- **Los objetivos de vida en común.**

A modo de ejemplo, aquí tienes mi lista de mínimos exigibles:

- **Una buena comunicación: necesito hablar las cosas cuando nos ocurre algo.**
- **Respetarnos, es decir, no levantarnos nunca la voz (y si lo hacemos, saber parar y pedir disculpas), no insultarnos nunca y tener en cuenta las cosas que a la otra persona le puedan sentar mal.**
- **Ser empáticos el uno con el otro: tener en cuenta los sentimientos de la pareja.**
- **Confianza para contar el uno con el otro.**
- **Sentir que estoy tranquila a su lado.**
- **Pasar tiempo juntos de calidad (al menos los fines de semana).**
- **Hablar todos los días por mensajería, teléfono o en persona.**
- **Sentir que puedo contar con mi pareja, pase lo que pase. Sentir que está ahí.**

♥ Mínimos exigibles y exigencias

Ahora tú. ¿Cuáles son tus mínimos exigibles en una relación de pareja?

Si haces este ejercicio en pareja, la otra persona puede colocar aquí los suyos:

♥ Las cosas que nos unen

En ocasiones, las parejas que discuten están focalizando su atención en las diferencias en vez de en todas aquellas cosas que las unen. Para conseguir reconectar, puede ser útil hablar de experiencias agradables compartidas, creencias, momentos, etc., así como verbalizar lo que nos gusta del otro. Redirigir la atención hacia cosas positivas puede hacer que nos demos cuenta de que lo que nos une es bastante más que lo que nos separa.

Este ejercicio sirve para trabajar la unión y el vínculo a través de la comunicación.

Preparad algo de picar y una bebida que os guste. Es el momento de ponerse manos a la obra.

Rellenad los siguientes recuadros. Hay varias formas de hacerlo:

- **Forma 1:** hablando primero y respondiendo a todas las preguntas en voz alta. Primero uno y luego el otro.

- **Forma 2:** escribiendo todas las respuestas por separado, cada uno en un folio, para después leer las respuestas en voz alta.

- **Forma 3:** dialogando y escribiendo las respuestas juntos en este libro.

Elegid la forma que prefiráis.
¡Adelante!

Las cosas que nos unen

Lugares que queremos visitar juntos:

Libros, películas o series que nos gustan:

Las cosas que nos unen

Siempre nos divertimos cuando:

Como pareja, se nos da genial:

Las cosas que nos unen

Como pareja, no se nos da tan bien:

Cosas especiales que compartimos:

Las cosas que nos unen

Cosas que hemos conseguido juntos:

Cosas que tenemos que seguir trabajando:

Cosas que estamos dispuestos a hacer para seguir mejorando como pareja:

Los tres eventos que más nos han unido:

El viaje juntos que más nos ha marcado:

Las cosas que me hicieron enamorarme de ti:

Las cosas que nos unen

Las pequeñas cosas que más valoro de la relación son:

Momentos en los que me he sentido orgulloso de ti:

Cosas que aún no hemos hecho y que me encantaría hacer contigo:

♥ Maneras en las que decimos «te quiero» sin decirlo

Hace un tiempo, publiqué en mis redes un artículo, realizado conjuntamente con mis seguidores, en el que recopilábamos algunas maneras de decir «te quiero» sin decirlo. Te dejo algunas de mis favoritas:

♥ Decir: «¿Quedamos, aunque solo sea un ratito?».

♥ Decir: «He escuchado esta canción y me he acordado de ti».

♥ Sorprenderle preparándole su comida favorita.

♥ Echarle una mantita por encima cuando se está quedando dormido.

♥ Dejarle una nota en el espejo antes de salir.

♥ Mandarle memes.

♥ Prepararle el desayuno para que pueda dormir diez minutos más.

♥ Llevarle su antojo preferido cuando tenga un mal día.

♥ Rascarle el hielo del parabrisas.

♥ Dejar que se coma la última croqueta.

♥ Decir: «He hecho la comida y no le he añadido pimiento (o champiñones, o cebolla, o lo que sea) porque sé que no te gusta».

♥ Pelarle y cortarle la fruta.

Vuestro lenguaje del amor

¿Os animáis a recopilar vuestras maneras de decir «te quiero»?

Reconozcámonos

Responded los dos a las siguientes preguntas y luego compartid entre vosotros las respuestas (lo podéis hacer un día relajados en el sofá o dándoos espacio para responder cada uno las suyas a su tiempo, **¡como os sintáis más a gusto!**):

- ♥ ¿Cuál es tu canción favorita?
- ♥ ¿Cómo eras en el colegio?
- ♥ ¿Cuál es tu color preferido?
- ♥ ¿Te gusta pasar tiempo a solas? ¿Por qué?
- ♥ ¿Qué cosas no son negociables para ti en una relación de pareja?
- ♥ ¿Cuál es tu película favorita?
- ♥ ¿Cómo sería una relación de pareja perfecta?
- ♥ ¿Cómo te describirías en tres palabras?
- ♥ Si fueras un animal, ¿cuál serías? ¿Por qué?
- ♥ ¿Cuál es el recuerdo más bonito de tu infancia?
- ♥ ¿Cuál es tu peor miedo?
- ♥ ¿Hay algo que quieras con muchas ganas que aún no tengas?
- ♥ ¿Qué te hizo feliz hoy?
- ♥ ¿Qué tres cosas te gustaría hacer antes de morir?
- ♥ ¿Qué es lo más importante que te han enseñado tus padres?
- ♥ ¿Qué es lo que más te asusta de hacerte mayor?
- ♥ ¿Te gustaría tener hijos? (Si no los tenéis ya).
- ♥ ¿Qué es lo que más valoras en una pareja?
- ♥ ¿Crees en el destino o en la casualidad?
- ♥ ¿Te arrepientes de algo en tu vida? Si es que sí, ¿lo cambiarías?
- ♥ ¿Qué es lo que más te gusta de mí?
- ♥ Describe un día perfecto conmigo.
- ♥ ¿Cuáles son las tres cosas que más te han marcado en la vida?
- ♥ ¿Cómo fue tu primera ruptura amorosa?
- ♥ ¿Alguna vez te han traicionado? Si es que sí, ¿quién? ¿Cómo fue?
- ♥ ¿Cuál es tu mayor sueño?
- ♥ ¿Cómo te llevas con tus padres?
- ♥ ¿Cuál es tu mayor fantasía sexual?
- ♥ ¿Cómo creías que sería tu vida cuando eras pequeño?
- ♥ ¿Cuál es tu mayor inseguridad?
- ♥ ¿Qué es lo que más te atrae de mí?

Reconozcámonos un poquito más

¿Tenéis más preguntas que queráis añadir al ejercicio? **¡Estupendo!**
Podéis escribirlas aquí abajo y contestarlas también en voz alta.

1.
2.
3.
4.
5.
6.
7.
8.
9.
10.
11.
12.
13.

Ejercicios para promover cosas positivas

El álbum de los buenos recuerdos

¿Os gustan las manualidades? Si os apetece encontrar una excusa para recopilar, imprimir y recortar fotos, ahí va una idea: crear un álbum de recuerdos que recoja vuestros mejores momentos. Os propongo plasmar vuestra historia con anécdotas divertidas, recortes de viajes y actividades que habéis hecho juntos y con todo lo que sea importante para los dos. Al lado de cada foto, podéis añadir recuerdos que os vengan a la mente de ese momento. **¡Os quedará de lujo!**

Para salir de la rutina

En otro ejercicio ya hemos propuesto dar sorpresas a nuestra pareja. Sin que haya necesidad de que sean grandes acciones, ni objetos materiales, **las sorpresas son importantes para no caer en la rutina y para que en el día a día siempre haya espacio para algo especial.**

Cada uno puede confeccionar una lista de las cosas con las que le gustaría que el otro lo sorprendiera y dársela luego. La tarea consiste en que, durante un tiempo, deis una sorpresa a la semana a vuestra pareja, una de esas sorpresas que sabéis seguro seguro que le va a encantar.

Sorpresas para uno

Sorpresas para el otro

El bote de los deseos afectivos

Aquí os traigo un tarrito que podéis llenar de deseos.

También podéis coger un tarro de cristal bonito de verdad y llenarlo de papelitos.

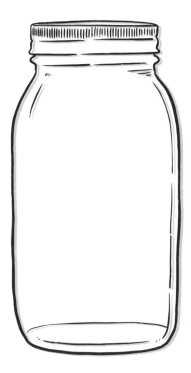

Os propongo que, en principio, metáis diez papelitos con deseos que queráis pedirle a vuestra pareja. Tienen que ser cosas concretas, pequeñas, que no resulten complicadas de llevar a cabo y que tengan un componente afectivo o emocional. Por ejemplo: un abrazo, un beso de buenas noches, un café recién hecho por la mañana...

Cuando os apetezca cumplir un deseo de vuestra pareja, no tenéis más que abrir el bote y hacer sus deseos realidad. Con este ejercicio aprendemos a pedir a nuestra pareja aquello que necesitamos y rompemos las creencias de que, para hacernos felices, el otro tiene que saber leer nuestra mente. **Si quieres algo, ¡pídelo!**

Ejercicios para promover cosas positivas

Conociéndonos aún más

Responded a las siguientes preguntas:

♥ ¿Qué es lo más bonito que he hecho por ti?

- -

- -

♥ ¿Crees que discutimos mucho o poco? ¿Por qué?

- -

- -

♥ ¿Cómo podríamos mejorar nuestras discusiones?

- -

- -

♥ ¿Cómo nos vemos dentro de cuatro años?

- -

- -

♥ ¿Qué es lo más loco que hemos hecho juntos?

- -

- -

♥ ¿Qué cualidad te gustaría enseñar a tus hijos (tanto si los tenéis como si os gustaría tenerlos)?

- -

- -

♥ ¿Qué evento o suceso te gustaría volver a vivir conmigo?

- -

- -

Me encanta cuando...

Por turnos, id diciendo en voz alta «Me encanta cuando...» y terminando la frase con algo que te guste de la otra persona (cualidades personales, pensamientos, actitudes, comportamientos, valores, etc.). **Lo que importa es que os lo digáis mirándoos a los ojos.**

No se permite enlazar un refuerzo con una crítica. Por ejemplo, no se permite decir algo como «Me encanta cuando paseamos juntos de la mano, pero últimamente lo hacemos poco porque siempre estás trabajando». La idea es que se emita un refuerzo positivo, no una crítica.

♥ Ejercicios para promover cosas positivas

Reto: darle la razón al otro, aunque sea en un 1 % de la discusión

Os propongo un reto. **Cuando discutáis, vuestro objetivo ha de ser exponer vuestro punto de vista empezando la frase de tal manera que deis la razón a la otra persona en algo que haya dicho con lo que estéis de acuerdo.**

Ejemplos:

♥ —Me gustaría pedir pizza de atún. Me encanta la pizza de atún.

♥ —**Tienes razón, el atún está muy bueno.** Sin embargo, a mí me apetece pedir pizza de beicon. Hace tiempo que no como beicon.

♥ —Hoy me apetece ir al cine a ver esa película nueva que te dije, dicen que está muy bien.

♥ —**Seguro que si te la han recomendado es porque es buena**, pero hoy no me siento con energía, ¿lo dejamos para otro día y vemos una en casa?

¿Sabréis hacerlo?

♥ Meted el pasado en una caja

Recurrir al pasado es algo que solemos hacer en las discusiones. Si aquello a lo que recurrimos es algo que sigue ocurriendo o preocupando, sin duda es necesario volver a hablarlo. Sin embargo, **si el tema ya está hablado y solucionado, lo ideal es no volver a sacarlo en la conversación**. Aun así, el enfado a veces nos invita a reprochar cualquier cosa a la otra persona.

He aquí algunas consecuencias de echar en cara aspectos del pasado suficientemente trabajados:

En la relación:

♥ La relación se desgasta y da la sensación de que la comunicación es una herramienta que no sirve para nada.

♥ Impide la cooperación («Paso de intentar solucionarlo, total, siempre me va a echar en cara el pasado, haga lo que haga en este momento»).

♥ Contamina el presente. Prolonga un malestar que viene del pasado y sobre el que ahora ya no hay control (« Vale, lo hice, pero ya es tarde para hacer algo al respecto»).

En la persona que escucha:

♥ Puede adoptar una actitud defensiva al entender como un ataque directo lo que se le está echando en cara, lo que a su vez hace que vea a la pareja como enemiga («A ver qué me va a decir ahora, otra vez estamos con lo mismo de siempre», «¿Y tú? ¿Te crees que tú no haces cosas mal?»).

♥ Sensación de indefensión («Siempre igual. Esto es imposible. Por más que hago, veo que no hay manera de solucionar nuestros problemas»).

♥ La sensación de frustración en la relación es tremenda, dado que el pasado es un terreno donde no tenemos ningún margen de acción.

♥ Meted el pasado en una caja

Propuesta

Si el pasado al que soléis recurrir es algo, como digo, hablado y zanjado, lo ideal es que lo metáis en una caja. Para ello, puedes redactar el suceso en un folio y meterlo en dicha caja. **La idea es que materialicéis el pasado y le «cerréis la puerta» para que no invada el presente ni influya en él.** Esto ayuda al cerebro a entender que es algo de lo que ya no tiene que estar pendiente.

En el momento en que la caja se cierre, no se podrá volver a sacar el tema nunca más.

Emitir quejas sobre la conducta, no sobre la persona

A continuación, tienes un consejo importante sobre la comunicación para emitir quejas. La idea es que tú y tu pareja podáis emitir quejas asertivas que ayuden a que las discusiones no se enquisten ni vayan a más, sino que se queden en conversaciones que permitan mejorar vuestra relación.

Lo que no hay que decir:

✘ «Eres un egoísta».

✘ «Me haces sentir X».

El primer ejemplo hace sentir a la otra persona que no va a cambiar porque hacemos alusión a un rasgo de la personalidad. En el segundo ejemplo, estamos trasladando la responsabilidad de nuestras emociones a la pareja.

Lo que podemos decir:

✓ «Cuando haces X cosa, yo me siento de X manera».

En este caso, nos hacemos responsables de nuestras propias emociones y **le decimos a nuestra pareja qué parte de responsabilidad tiene su conducta en cómo nos sentimos**, pero sin criticar su forma de ser o su personalidad (más difícil de cambiar que la conducta).

Ahora tú. ¿Cómo expresarías tu queja en las siguientes situaciones?

1. Le he dicho veinte veces a mi pareja que le toca fregar los platos esta semana y llevo ya dos días encontrándome el fregadero a tope.

Emitir quejas sobre la conducta, no sobre la persona

2. No me gusta que mi pareja llegue tarde a casa y no avise.

- -

- -

3. No me gusta que mi pareja pase tantas horas jugando con la Play.

- -

- -

4. No me gusta que mi pareja me pida tanto orden en casa.

- -

- -

5. Me hace sentir mal que mi pareja haga planes que me involucran sin consultarme.

- -

6. Quiero decirle a mi pareja que me parece mal que quede con sus amigas el día de mi cumpleaños.

- -

7. No me gusta que mi pareja no participe en las comidas con mi familia.

- -

- -

8. Mi pareja no se esfuerza en dedicar tiempo de calidad a la relación.

- -

- -

9. Mi pareja mete mucho a su madre en nuestra relación.

- -

- -

Trabajando la impulsividad

¿No te pasa que a veces dices cosas en caliente de las que luego te arrepientes? Ocurre en ocasiones, lo cual no quiere decir que esté bien. De hecho, cada vez que sucede, **se está retroalimentando una manera de abordar los conflictos bastante tóxica**. Lo que estaría genial es que, en esos momentos, aprendiéramos a controlar la ira y supiéramos hacerlo tanto a nivel individual como de pareja. Para poder conseguirlo, seguid las siguientes instrucciones.

1. De manera individual, haced una lista de situaciones que os lleven a sentir ira o enfado.

¿Qué situaciones de pareja me llevan a sentir enfado?

2. Haced otra lista individual con las reacciones que soléis tener ante esas situaciones y cuáles son las consecuencias.

¿Qué reacciones suelo tener?

¿Qué consecuencias suelen tener esas reacciones?

¿Me gustan esas consecuencias? ¿Por qué?

3. Compartid vuestras listas y comentad impresiones. ¿Estáis de acuerdo con el análisis y la autocrítica del otro? ¿Por qué?

4. Aportad soluciones.

¿Qué soluciones podemos poner en marcha para evitar dejarnos llevar por el enfado?

Ejemplo: acordar una palabra clave y decirla en voz alta cuando veamos que estamos empezando a dejarnos llevar por el enfado. Respirar profundamente.

Autoinstrucciones para gestionar nuestro enfado

Recuerda que, como cualquier emoción, es sano sentir enfado y que hacerlo tiene una utilidad. **No está mal sentir ira, lo malo es que se apodere de nuestra conducta y resulte una emoción arrolladora.** También necesito que recuerdes que las emociones no se van cuando nosotros queremos que se vayan, se van cuando ellas quieren. Lo importante, para que no nos generen más malestar del necesario, es qué hacemos mientras están presentes.

Sigue las siguientes autoinstrucciones cuando estés enfadado y quieras gestionar tu enfado de diferente manera; es decir, sin que te domine y guíe tus actos.

1. Identifico mi emoción. ¿Es ira o enfado lo que siento?

2. ¿Qué reacciones físicas, pensamientos y conductas tengo en este momento?
Reacciones físicas:

Pensamientos:

Conductas:

3. ¿Por qué siento esta emoción?

----

4. ¿Para qué sirve esta emoción?

----

5. Si sigo así, mi sistema nervioso simpático se pondrá en marcha. Mi cerebro interpretará que tengo que defenderme de un peligro y es posible que no pueda controlar mi enfado y todo termine en un conflicto.

----

6. ¿En qué momentos y circunstancias suelo sentir esta emoción?

----

7. ¿Hay algo similar en la situación en la que me encuentro ahora?

----

8. ¿Normalmente suelo arrepentirme de mis reacciones cuando «todo pasa»?

----

9. Si suelo arrepentirme, quizá deba actuar en esta ocasión de otra manera.

♥ Autoinstrucciones para gestionar nuestro enfado

10. ¿Qué veo de amenazante en el entorno para que me sienta de esta manera?

----

11. ¿Qué consecuencias tendrá sobre mí, sobre mi pareja, sobre mis hijos (si los tengo) y sobre la relación?

----

12. Respiraré tranquila y profundamente para calmar mi activación fisiológica.

----

13. Si lo necesito, me despejaré yendo a otro sitio o haciendo otra cosa hasta calmarme, para luego poder hablar las cosas. Si elijo irme a otro lugar y eso afecta a mi pareja, he de decirle que me voy, pero que mi intención es volver y retomar el tema cuando esté más tranquilo, porque para mí la relación y estar bien es importante. Mi pareja necesita entender por qué me voy.

----

14. ¿Qué ha dicho o ha hecho mi pareja para sentirme así de mal?

----

15. ¿Por qué creo que ha actuado así? Intentaré practicar la empatía, aunque esté en desacuerdo, pero seguro que algo de razón tiene, aunque en este momento no pueda verlo.

----

16. Tengo que recordar que cada persona tiene su propio marco de referencia y que, por tanto, tiene su forma de entender y actuar ante el mundo. ¿Qué parte de razón tiene mi pareja?

----

17. Es importante recordar que ningún ser humano es infalible y que todos cometemos errores. Es mejor no hacer interpretaciones de las intenciones de mi pareja y preguntarle cuando hablemos.

----

18. Quizá estoy catastrofizando (pensando en el peor resultado posible) o generalizando (pensar en términos de nunca, nada, siempre, etc.). Quizá estoy siendo demasiado exigente o inflexible.

----

19. ¿Qué es lo peor que puede ocasionar lo que ha dicho o hecho? ¿Cómo afecta a nuestras vidas o a mi vida?

----

20. ¿Podría valorar algo positivo en este momento de lo que normalmente suele hacer mi pareja? Quizá eso me ayude a ver que no todo es tan malo siempre y que ahora estoy muy enfadado porque estoy centrándome en este tema. Cuando logre quitar intensidad a mi enfado, me iré sintiendo más relajado. Todo esto que me estoy planteando me ayudará.

----

21. ¿De qué manera puedo resolver la situación junto a mi pareja?

Autoinstrucciones para acompañar a mi pareja cuando está enfadada

1. Mi pareja está enfadada en este momento. ¿Por qué estará así? ¿Qué estará pensando?

- -

2. Es mejor no hacer interpretaciones de sus intenciones o pensamientos. Le preguntaré qué le ocurre.

- -

3. Antes de iniciar una conversación, es mejor que respire profundamente e intente relajarme. Tenemos que mantener la actitud de equipo.

- -

4. Mi objetivo es solucionar el problema y entender a qué se debe esa emoción y cómo puedo ayudar.

- -

5. Puedo marcharme y dejar sola a mi pareja hasta que se le pase, si sé que es eso lo que necesita (tiempo fuera). Le preguntaré si es lo que necesita, y si es así, me iré, no sin antes decir: «Voy a estar haciendo X cosa. Si necesitas hablar, puedes llamarme en cualquier momento. Recuerda que te quiero». Cuando retomemos la conversación, puedo decirle cómo me siento cuando reacciona así y pedirle que me explique qué le sucede, porque yo quiero ayudar.

- -

6. No contestaré a las ofensas, si las hubiera.

- -

7. Voy a pedirle que se siente y me cuente calmadamente lo que le sucede y cómo puedo ayudar.

- -

8. No entraré en el contraataque.

- -

¡Hablemos de los celos! Siguiendo el hilo del capítulo 1 de mi pódcast *Tú eres tu lugar seguro*, vamos primero con una máxima importante: sentir celos es normal. O sea, el hecho de sentirlos no es algo tóxico, como mucha gente piensa. Los celos son una emoción que todos podemos experimentar.

Ahora bien, ¿cuándo lo que sentimos, en este caso los celos, puede empezar a ser un problema? Cuando no se gestionan bien y nos llevan a dinámicas tóxicas, cuando pretendemos manejar la emoción de los celos controlando a la pareja y a su entorno, cuando provocan conflictos graves o cuando se sienten de manera constante e intensa.

Cuando sentimos celos, también estamos sintiendo miedo e ira. El miedo sirve para avisarnos de un peligro, a fin de que nos protejamos activando algún tipo de respuesta, como puede ser la huida, por ejemplo. Y la ira nos alerta de que hay un peligro y nos ayuda a protegernos de él, poniéndonos en modo lucha. Tiene sentido que estas emociones se escondan detrás de los celos; con ellas nuestro cuerpo, de alguna manera, nos está diciendo: «Me da miedo que me quiten a mi pareja, que la persona a la que amo me abandone. ¡Hay que reaccionar!».

Desde luego, si hay algo que a corto plazo puede calmar los celos es el control. De manera inconsciente, pensamos: «Si controlo, si estoy atento a las cosas que pasan a mi alrededor, podré evitar cualquier peligro que pueda hacerme daño».

El problema es que, una vez que empezamos a ejercer el control, ya no podemos parar. La señal de calma que llega a nuestro cerebro cuando el control funciona activa nuestro sistema de recompensa y esto, a su vez, es un refuerzo. Y ya se sabe que, si hay refuerzo, es porque hay aprendizaje. Haciendo esto, lo que estamos aprendiendo es que la mejor herramienta para gestionar los celos es el control. Pero nada más lejos de la realidad, porque, **aunque el control nos calma y es funcional a corto plazo, a largo plazo solo nos trae problemas en la relación.**

Podemos y debemos trabajar la emoción, la conducta y los pensamientos asociados a los celos. Hay que dejar a un lado creencias del tipo «Se pone celoso porque le importo, y eso significa que me quiere», pero también hay que reconstruir la idea que tenemos sobre el amor y las relaciones de pareja.

- ♥ En primer lugar, **no te pueden quitar a tu pareja porque tu pareja no es tuya.** La asociación que hacemos como sociedad de los celos y el amor tiene su origen en creencias machistas que relacionan el amor con la posesión. Hay muchas otras formas sanas de demostrar amor.

♥ En segundo lugar, **por más que controles, si tu pareja quiere serte infiel, lo será igual**, te preocupes más o menos. Preocuparte no va a disminuir las probabilidades de su infidelidad.

Para estas cosas no sirve ni el control ni la preocupación. Solo sirve la confianza. La fidelidad, al final, es un pacto que se hace entre dos personas. Tu pareja ya es mayorcita para saber si lo que está haciendo está bien o está mal.

Ser infiel es una decisión. Y si tu pareja no respeta vuestros pactos, eso te dará información sobre cómo percibe realmente vuestra relación. Y tú podrás decidir si te quedas o si te vas.

Vamos a pensar también en esos traumas y heridas emocionales que pueden estar condicionando esta respuesta de control. Ojito ahí, porque esto nos va a dar la clave para entender por qué nos afecta tanto la mera posibilidad de que pueda existir una infidelidad y también nos ayudará a trabajarlo con la pareja.

Si te han puesto los cuernos alguna vez y es algo con lo que has sufrido mucho y no te lo has trabajado, tienes una herida emocional que puede que te esté condicionando en tu actual relación y que lo siga haciendo en las futuras.

Esto influye mucho, pero independientemente de tener heridas emocionales relacionadas con la infidelidad, **el miedo al abandono es uno de los mayores miedos del ser humano**. ¿Cómo vamos a trabajar esto con la pareja? Mostrando nuestra vulnerabilidad. Así es. En lugar de actuar desde una posición defensiva, acusadora y controladora ante algo que no ha pasado ni tiene por qué pasar, vamos a hablar desde ese dolor. Solemos sacar el dolor en forma de ira, pero aquí no vamos a hacer eso, aquí vamos a abrirnos en canal a nuestra pareja y le vamos a pedir ayuda. Así que será importantísimo que sepa acompañarnos emocionalmente, porque, si no, apaga y vámonos.

Por eso voy a hablarte de la importancia de acompañar. Acompañar no es coger y decir: «Ay, pues debes de estar pasándolo mal... Venga, mucho ánimo». No. En esta respuesta se echa de menos un factor importante: el vínculo. **En una relación intervienen tres factores: persona número 1, persona número 2 y el vínculo, que sería el tercer factor.**

♥ Para trabajar los celos

Acompañar es escuchar, comprender, validar y atender. Si tu pareja te dice «Me siento mal porque creo que te puedes ir con otra persona y que me vas a abandonar», realmente te está hablando de algo muy doloroso. Te está diciendo que, aunque a ti te parezca exagerado o algo sin sentido, ella o él lo está pasando mal, así que, solo por eso, debes darle importancia a lo que te está diciendo. ¡Esto es un abordaje en pareja! Lo que hacen muchos y muchas al decir «Es tu problema, son tus celos y tus movidas, tú verás lo que haces» no es ni un acompañamiento ni una validación ni es nada que pueda sumar en la relación. **A eso se le llama individualismo, y en las relaciones no funciona.**

Hay muchas formas de acompañar, pero vamos a ver algunas con las que podemos empezar a practicar:

- ♥ Hablar acerca del dolor que se siente y de cómo se vive por ambas partes la misma situación.

- ♥ La persona que acompaña tiene que dejar claro que entiende el dolor que está sintiendo el otro, y que va a ayudarle y apoyarle.

- ♥ Explicar los miedos veinte veces si hace falta, haciendo hincapié en los pensamientos y las emociones.

- ♥ Hacer autocrítica, si es necesario.

- ♥ Hablar del tema tanto como sea preciso, hasta que todo quede claro.

- ♥ Daros siempre el derecho y la libertad de volver a retomar la conversación cada vez que necesitéis resolver dudas, aunque ya hayáis tenido esa conversación hace solo unos días.

- ♥ Con el permiso de la persona que siente los celos, ayudarla en su propio trabajo individual. Por ejemplo, si sabes que ver una peli en la que sucede una infidelidad no le va a venir bien, pues no elijas ver esa peli, que anda que no hay.

Ambos miembros de la pareja deben hacer un trabajo individual con relación a sus inseguridades, sus creencias, su forma de validar las emociones, de comunicar las cosas y de ver las relaciones. Pero me parece también fundamental trabajar en pareja siempre que aparezcan los celos, porque si los trabajamos solo de manera individual, nos quedamos, como os decía antes, sin desarrollar uno de los tres factores fundamentales de una relación: el vínculo.

♥ Preguntas que puedes hacerte cuando crees que estás sintiendo celos

1. ¿Qué estoy sintiendo en este momento?

-- ♥

2. En una escala del 0 al 10, siendo 0 nada intensa y 10 muy intensa, ¿en qué intensidad siento esta emoción? Rodea el número que creas que la representa mejor.

0   1   2   3   4   5   6   7   8   9   10

3. ¿En qué parte de mi cuerpo siento esta emoción? Pinta la zona en la silueta de abajo con algún rotulador o lápiz de color.

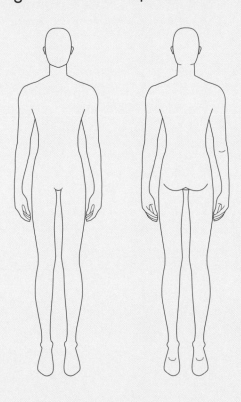

4. ¿Qué ha pasado para que sienta esta emoción?

---

5. Recuerda que, tras los celos, se pueden esconder el miedo y la ira.
¿A qué tengo miedo?

---

6. ¿Qué puede estar diciéndome mi cuerpo a través del miedo?

---

7. Recuerda que el miedo sirve para alertarnos de la existencia de un peligro.
¿De qué tengo que huir o ante qué tengo que prepararme para luchar?

---

8. Recuerda que la ira sirve para ser conscientes de que algo no nos gusta y reaccionar poniendo límites.
¿Qué objetivo creo que puede tener la ira en este momento?

---

9. ¿Qué pensamientos, preocupaciones u opiniones inundan mi mente ahora mismo?

10. ¿Qué es lo que me apetece hacer mientras siento estos celos?

♥ Preguntas que puedes hacerte cuando crees que estás sintiendo celos

11. ¿Qué costes y beneficios obtendré de hacer esto que me apetece?

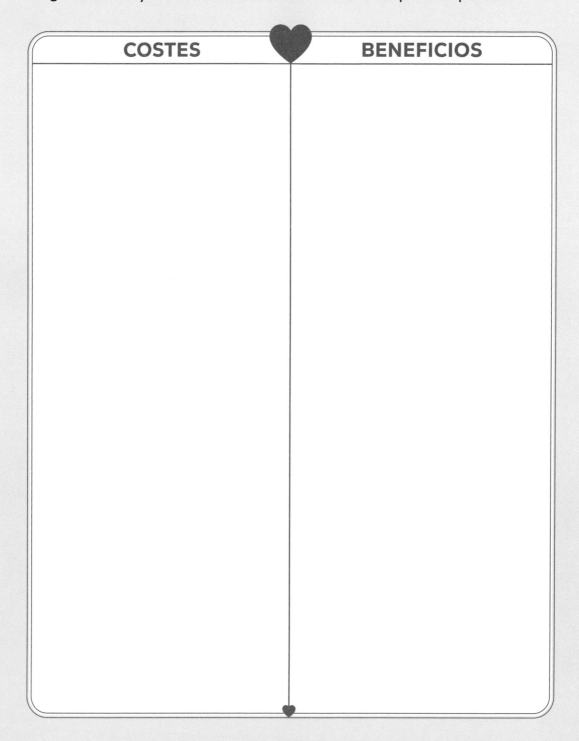

COSTES ♥	BENEFICIOS

♥ Preguntas que puedes hacerte cuando crees que estás sintiendo celos

12. ¿Se me ocurre alguna otra forma de actuar?

♥

13. ¿Podría contarle a mi pareja lo que siento?

♥

14. ¿Cómo podría decírselo de manera asertiva para que no se sienta atacado? Recuerda las técnicas de comunicación asertiva vistas hasta ahora.

♥

15. ¿Puedo hacer algo para relajarme antes de explicarle lo que siento? Quizá así la emoción no resulte tan arrolladora.
Apunta aquí las cosas que puedes hacer:

1.
2.
3.
4.
5.
6.
7.
8.

♥

16. ¿Cómo me siento después de haber hecho estas cosas para relajarme?

17. En una escala del 0 al 10, siendo 0 nada intensa y 10 muy intensa, ¿en qué intensidad siento esta emoción? Rodea el número que creas que la representa mejor.

| 0 | 1 | 2 | 3 | 4 | 5 | 6 | 7 | 8 | 9 | 10 |

18. ¿Cómo me siento tras haber hablado con mi pareja?

Preguntas que puedes hacerte cuando crees que estás sintiendo celos

19. ¿Hemos llegado a un acuerdo?

20. ¿Me ha hecho sentir mejor hablar con mi pareja?

21. ¿He sentido que ha validado mis emociones?

22. ¿Considero que ha empatizado conmigo?

23. ¿Qué es lo que me habría gustado que hiciera o que me dijera?

24. Hagamos un poquito más de introspección.
¿Sueles compararte con los demás?

25. ¿En qué te comparas?

----

26. ¿Por qué?

----

27. Cuando te comparas, ¿sueles olvidar tus cualidades positivas?

----

28. ¿Qué consejo le darías a una amiga que estuviera en tu misma situación?

Algunos consejos generales que pueden ayudarte a manejar los celos:
- ♥ Recurre a la lista que hiciste de tus cualidades positivas.
- ♥ Recurre a los ejercicios.
- ♥ No entres en redes sociales.
- ♥ Practica la respiración diafragmática.
- ♥ Sal a dar un paseo.
- ♥ Date un momento para calmar la emoción antes de comentarle algo a tu pareja.

Para trabajar la comunicación

Ya sabemos lo importante que es trabajar la comunicación en pareja, por eso, vamos a hacer un repaso a los diferentes estilos de comunicación.

Personas con estilo pasivo:

- 💜 Se callan las cosas. No suelen expresar sus emociones, sentimientos, opiniones o necesidades.
- 💜 Suelen tener muchas dificultades para decir no.
- 💜 Suelen ceder ante los demás, aunque eso suponga ver rebasados sus propios límites.
- 💜 Temen al enfrentamiento.
- 💜 Experimentan ansiedad, puesto que no logran identificar ni satisfacer sus propias necesidades.

Personas con estilo agresivo:

- 💜 Solo se preocupan por defender sus derechos y sus sentimientos y no tienen en cuenta los de los demás.
- 💜 Experimentan ansiedad, puesto que pierden las formas, su actitud genera confrontación y no es escuchada ni comprendida.

Personas con estilo asertivo:

- 💜 Expresan sus opiniones de forma honesta, calmada y firme.
- 💜 Intentan respetar siempre a los demás.
- 💜 Suelen pensar qué van a decir y cómo para no ofender a su interlocutor.

Para trabajar la comunicación

Lee las siguientes frases. De las dos opciones que te propongo,
¿podrías marcar cuál consideras que es una afirmación asertiva?

☐ Anteponer las necesidades propias a las de los demás es ser egoísta.

☐ A veces puedo y debo ponerme en primer lugar.

───────────────── ♥ ─────────────────

☐ Es vergonzoso cometer errores. Lo mejor es exigirse mucho para no tener que pasar por el mal rato de avergonzarse de uno mismo.

☐ No me gusta cometer errores, pero a veces pasa, lo mejor es solventarlos e intentar aprender de ellos.

───────────────── ♥ ─────────────────

☐ Si no convenzo a nadie, es porque estoy equivocado.

☐ Puedo tener mi propia opinión, sin importar lo que opinen los demás, siempre y cuando no haga daño a nadie.

───────────────── ♥ ─────────────────

☐ Tengo que hacer caso a lo que digan los demás.

☐ Puedo tener mi propia visión de las cosas.

───────────────── ♥ ─────────────────

☐ La gente evoluciona. Todos podemos cambiar de idea o de forma de ver las cosas.

☐ Lo suyo es pensar siempre de la misma manera porque eso significa que tienes las cosas claras.

───────────────── ♥ ─────────────────

☐ Puedo quejarme de aquellas cosas que no me gustan o no me hacen sentir bien, siempre y cuando lo haga respetando a los demás.

☐ Lo ideal es ser flexible y adaptarse a todo, siempre. Y si hay algo que no me gusta, creo que es mejor no decirlo porque podría ocasionar problemas, y eso es algo que no me apetece vivir.

───────────────── ♥ ─────────────────

- ☐ Si lo necesito, puedo pedir ayuda o apoyo emocional.
- ☐ Es mejor no contar nada de lo que me pasa a nadie. La gente realmente no quiere escucharte. No hay que hacer perder el tiempo a los demás.

♥

- ☐ Cuando alguien me da un consejo lo aplico. No me fío de mi propio criterio.
- ☐ Cuando alguien me da un consejo, lo tengo en cuenta y lo valoro, pero eso no quiere decir que necesariamente lo vaya a poner en práctica.

♥

- ☐ Cuando me dicen un piropo, lo mejor que puedo hacer es decir que tampoco es para tanto si quiero mostrar humildad. De lo contrario, la gente puede pensar que soy un creído.
- ☐ Cuando me dicen un piropo, lo mejor que puedo hacer es dar las gracias.

♥

- ☐ Si mis amigos me proponen quedar, quedo, aunque no me apetezca. Podrían pensar que paso de ellos.
- ☐ Si mis amigos me proponen quedar y no me apetece, no quedo. Ya nos veremos otro día.

♥

- ☐ Cuando alguien tiene un problema, intento resolverlo.
- ☐ Cuando alguien tiene un problema, intento ayudarle en la medida de mis posibilidades. No puedo responsabilizarme de los problemas de los demás.

♥

- ☐ Tengo que intentar estar pendiente de las necesidades de quienes me rodean.
- ☐ No tengo que anticiparme a las necesidades de los demás. Cada uno es responsable de decir qué es lo que necesita.

♥

☐ Tengo que estar siempre al cien por cien.

☐ A veces no puedo con todo y me permito hacer menos de lo que soy capaz de hacer.

♥

☐ Si estoy disfrutando de mi tiempo libre o de mis vacaciones, puedo hacer cosas del trabajo porque, a fin de cuentas, estoy sin hacer nada.

☐ Mi tiempo libre y mis vacaciones son sagradas.

♥

Afirmaciones asertivas:

«A veces puedo y debo ponerme en primer lugar».

«No me gusta cometer errores, pero a veces pasa, lo mejor es solventarlos e intentar aprender de ellos».

«Puedo tener mi propia opinión, sin importar lo que opinen los demás, siempre y cuando no haga daño a nadie».

«Puedo tener mi propia visión de las cosas. La gente evoluciona. Todos podemos cambiar de idea o de forma de ver las cosas».

«Puedo quejarme de aquellas cosas que no me gustan o no me hacen sentir bien, siempre y cuando lo haga respetando a los demás».

«Si lo necesito, puedo pedir ayuda o apoyo emocional».

«Cuando alguien me da un consejo, lo tengo en cuenta y lo valoro, pero eso no quiere decir que lo vaya a poner en práctica».

«Cuando me dicen un piropo, lo mejor que puedo hacer es dar las gracias».

«Si mis amigos me proponen quedar y no me apetece, no quedo. Ya nos veremos otro día».

«Cuando alguien tiene un problema, intento ayudarle en la medida de mis posibilidades. No puedo responsabilizarme de los problemas de los demás».

«No tengo que anticiparme a las necesidades de los demás. Cada uno es responsable de decir qué es lo que necesita».

«A veces no puedo con todo y me permito hacer menos de lo que soy capaz de hacer».

«Mi tiempo libre y mis vacaciones son sagradas».

Seguimos trabajando la comunicación

A continuación, hay diferentes situaciones de pareja y diferentes formas de actuar. **Elige la respuesta que consideres más asertiva.**

1. He quedado con mi pareja para cenar y llega una hora tarde. Su excusa es que se le había olvidado que habíamos quedado.

- ♥ Le canto las cuarenta y me piro del local. A mí nadie me ningunea de esa manera.
- ♥ Le explico que no me sienta nada bien lo que ha hecho. Además, le pido amablemente que no vuelva a repetirse.
- ♥ No pasa nada. Aunque no me sienta bien lo que ha hecho, prefiero no decirle nada y tener la noche en paz.

2. Mi pareja y yo estamos separados y compartimos la custodia de nuestro hijo de cuatro años. Dentro de dos semanas me toca a mí quedarme con el niño, pero me gustaría pedirle que ese finde se quedara él o ella con nuestro hijo porque tengo un viaje con amigos al que me encantaría ir .

- ♥ No le digo nada. Prefiero no ir al viaje.
- ♥ Le mando un mensaje y le digo que ese fin de semana el niño estará con ella o él. ¿Por qué no iba yo a poder irme de viaje con mis amigos? ¿Acaso necesito su permiso?
- ♥ Le llamo y le comento la situación. Le explico que entiendo que son dos semanas consecutivas y que quizá tenga otros planes hechos. Le comento que ese viaje me hace mucha ilusión y que me haría un gran favor. Luego le ofrezco quedarme con nuestro hijo dos fines de semana consecutivos para equilibrar la balanza.

3. Mi pareja me dice que no le parece bien una opinión que he dado sobre un tema político.

- ♥ ¿Qué sabrá? No tiene ni idea, vive en su mundo de yupi. Le dejo claro que lo que piensa está fatal y que me da vergüenza tenerlo como pareja.
- ♥ Le pregunto por qué dice eso e intento tener una conversación tranquila para poder conocer sus puntos de vista.
- ♥ Cambio radicalmente de opinión. Por lo general, yo no suelo tener mucha idea de las cosas.

4. Le pido a mi pareja que no salga este finde con sus amigos porque me gustaría que viniera conmigo al cumple de mi tía, pero me dice que no quiere acompañarme porque no se siente cómodo con mi familia.

- ♥ Le dejo que haga lo que quiera, pero me duele que no venga conmigo.
- ♥ Me duele mucho lo que dice de mi familia, ¡con todo lo que han hecho por él o ella! Me siento muy ofendido, así que le canto las cuarenta.

♥ Le pregunto por qué no está cómodo con ellos e intento indagar, para ver si podemos encontrar la manera de que no se sienta mal cuando está con mi familia. Así se sentirá comprendido y apoyado y alimentaremos la sensación de ser un equipo ante cualquier situación.

5. Mi pareja se acerca para besarme. A mí me apetece, pero solo eso. No me apetece tener sexo en este momento y siento que si sigo besándole puede que me malinterprete. No es la primera vez que pasa y eso me incomoda. Me gustaría que lo supiera.

♥ Paro de besarle y, cariñosamente le digo que me encanta que nos besemos, pero que hay veces en las que solo quiero eso, sin llegar a tener sexo. Le hago saber que esta es una de esas veces. También le explico que esto no implica un rechazo ni una falta de atracción hacia él o ella, es solo que no me apetece tener relaciones en este momento. Quizá en otro momento podamos dedicarnos un ratito más sensual.

♥ Sigo besándole y no le digo nada. No quiero que se enfade.

♥ Paro de besarle y le digo que siempre hace lo mismo, que siempre que quiere sexo me besa. De hecho, solo me besa para tener sexo, si no, no me toca ni con un palo. No lo soporto.

6. Mi pareja me dice que hoy estoy muy guapo o guapa.

♥ Le respondo con un «gracias» y una sonrisa.

♥ Le digo que tampoco es para tanto.

♥ Le contesto que ya le vale. Me lo podría decir más a menudo, ¿no? ¿O es que solo estoy guapo o guapa cuando me arreglo?

7. No me gustan nada los pantalones que se ha comprado mi pareja.

♥ Se lo digo. Directamente. En esta vida hay que ser sincero. Es una de las cosas que más valoro en las personas.

♥ Le digo que me encantan los pantalones para no ofenderle.

♥ Si me pide opinión, le digo que no es el estilo con el que estoy acostumbrado a verle. Pienso que, si le gustan, yo no tengo nada más que opinar. Si insiste en conocer si me gustan o no, puedo decirle que no me convencen mucho, pero estaré atento a alguna de las cualidades por las que a mi pareja le gustan para validarlas. Por ejemplo: «Cierto, no tenías ningún pantalón rojo para ponértelo con esta camisa. La combinación hace que tengas un *look* diferente». Por supuesto, no le mentiré en ningún momento.

8. Mi pareja tiene un detalle conmigo y me hace el desayuno.

♥ Le digo que podría hacerlo más porque creo que soy yo quien siempre hace más en casa. Es más, saco el tema de las tareas.

♥ Le doy las gracias.

♥ Le doy las gracias y, a cambio, hago otras cosas para demostrarle con otros detalles que yo también le quiero.

9. Mi pareja ha usado lejía para limpiar la pila del baño y la ha estropeado.

♥ Le muestro mi disgusto, pero también le digo que no se preocupe. Le enseño los productos adecuados y le explico por qué no hay que limpiar con lejía el lavabo. Buscaremos alguna solución para arreglarlo.

♥ Le monto un cirio. ¿Es que no sabe lo que costó la pila? La próxima la va a pagar él o ella.

♥ No le digo nada y pienso que ya lo limpiaré yo la próxima vez.

10. Mi pareja quiere comprar una furgoneta, pero yo prefiero un coche pequeño. Creo que es más manejable y fácil de conducir.

♥ Si a mi pareja le gusta la furgoneta, compramos la furgoneta.

♥ Intento entender por qué prefiere comprar la furgoneta antes que el coche pequeño y, una vez que lo entiendo, le valido, intento darle la razón, aunque sea en un 1% y le expongo por qué discrepo.

♥ Compraremos el coche pequeño; es más lógico que una furgoneta.

11. Necesito que mi pareja venga a buscarme a la estación porque a esa hora ya no pasan trenes.

♥ Le llamo y le digo que venga.

♥ Le llamo, le explico la situación y le pregunto si puede venir a recogerme. Le hago saber que entiendo que es tarde, pero es que no tengo otra opción, porque estoy ahorrando para comprar algo que es importante para mí y no quiero coger un taxi.

♥ No molesto. Prefiero coger un taxi, aunque eso suponga gastar parte del dinero que quería invertir en otra cosa.

12. Mi pareja no se deja asesorar en temas emocionales. Le he propuesto que se lea algún libro sobre el tema, pero dice que no le gusta leer.

♥ Si no le gusta leer, no le obligaré. Quizá no deba estar con él.

♥ Entiendo por su respuesta que la gestión emocional es algo de lo que yo me tendré que responsabilizar porque, si no, la relación no avanzará.

♥ Entiendo que no le guste leer y no le voy a obligar. Pero también quiero que se involucre en la gestión emocional de la relación, así que le explico por qué es importante para mí, qué podemos conseguir en la relación si la trabajamos y qué consecuencias hay de no hacerlo. También le pregunto acerca de otros formatos que puedan interesarle, como vídeos, charlas, *webinars*, documentales, museos, etc., y le propongo hacer algo de eso juntos. Al final, lo que importa es que ambos aprendamos haciendo cosas con las que disfrutemos.

♥ El plan de acción para los conflictos

Con todo lo que ya sabéis, ¿podríais elaborar un plan de acción para llevar a cabo en esos momentos? **Poned especial atención a lo que necesitáis cada uno y también a aquellos pasos específicos que creéis que tenéis que dar.**

♥

♥ Me quiero: las 10 promesas

A continuación, me gustaría que hicieras un pacto contigo mismo.
Sería increíble que, aquí y ahora, te prometieras a ti mismo diez cosas que nunca vas a volver a tolerar, que vas a empezar a partir de ahora y que vas a seguir haciendo. Te propongo que pongas todas y cada una de esas promesas en los siguientes huecos.

♥
_____
_____
_____

♥
_____
_____
_____

♥
_____
_____
_____

♥
_____
_____
_____

♥
_____
_____
_____

♥ Me quiero: las 10 promesas

♥

_____
_____
_____
_____

♥

_____
_____
_____
_____

♥

_____
_____
_____
_____

♥

_____
_____
_____
_____

♥

_____
_____
_____
_____

A continuación, podéis repetir juntos el ejercicio anterior. **¿Qué cosas os gustaría prometeros?**

♥

- -
- -
- -
- -

♥

- -
- -
- -
- -

♥

- -
- -
- -
- -

♥

- -
- -
- -
- -

♥

- -
- -
- -
- -

❤ Bibliografía

BEYEBACH, M. y **HERRERO DE VEGA, M.** (2016), *200 tareas en terapia breve*, Barcelona, Herder Editorial.

❤

ESCLAPEZ, M. (2017), *Inteligencia sexual. Desarrolla tu potencial sexual, practica sexo inteligente*, Madrid, Arcopress.

❤

— (2020), *Ama tu sexo*, Barcelona, Bruguera.

❤

— (2022), *Me quiero, te quiero. Una guía para desarrollar relaciones sanas (y mejorar las que ya tienes)*, Barcelona, Bruguera.

❤

— (2023), *Tú eres tu lugar seguro. Haz las paces con tu pasado para reconectar contigo (y los que te rodean)*, Barcelona, Bruguera.

❤

RAMÍREZ, P. (2022), *Vivir con serenidad, 365 consejos*, Barcelona, Grijalbo.

❤

ROSARIO, A. (2023), *Tu autoestima es un arte. Una guía para conocerte más y quererte mejor*, Barcelona, Plan B.